AF497805

LETTRES,

ENVOIE'ES

DE LA

NOVVELLE FRANCE

Au R. P. IACQVES RENAVLT
Prouincial de la Compagnie de
IESVS en la Prouince de la France,

Par le R. P. HIER. LALLEMANT
*Superieur des Missions de ladite Com-
pagnie en ce nouueau Monde.*

A PARIS,

Chez SEBASTIEN CRAMOISY,
Imprimeur ordinaire du Roy.

M. DC. LX. (10)

PREMIERE LETTRE.

De l'arriuée de Monseigneur l'Euesque de Petrée en Canada.

ON R. PERÉ,

LES deux vaisseaux venus cette année de France, ont changé la face de nos cœurs, & de tout le païs. Ils ont fait naistre la ioie par tout, l'vn par les heureuses nouuelles de la paix entre les deux Couronnes, l'autre par la venuë de Monseigneur l'Illustrissime & Reuerendissime Euesque de Petrée. Nostre ioie seroit entiere, si les Iroquois ne la troubloient point, par la guerre

qu'ils ont renouuellée aprés vne
suspension d'armes de fort peu de
temps , pendant laquelle on a fait
l'impossible pour gagner le cœur
de ces Barbares. Nos Peres ont fait
trois voiages à Onnontagué pour
ce suiet : ils en ont fait quatre à A-
gnié : ils ont parcouru toutes leurs
bourgades , leurs portans par tout
des paroles de paix & de salut, tâ-
chans de leur ouurir les ïeux par
les lumieres de la Foy , qu'ils ont
publiée dans tout leur païs.

D'vn autre costé , pour ne point
aigrir ces esprits aussi superbes que
mutins , non seulement on s'est
contenté d'vne legere satisfaction
pour les meurtres qu'ils ont fait à
Montreal ; mais encore on leur a
relasché ceux de leurs gens , qu'on
tenoit en prison, les vns aprés les
autres, pour traisner tousiours, &

pour differer le malheur dont nous ſommes menacez : Et aprés diuerſes ambaſſades faites de part & d'autre , dans leſquelles ils nous ont touſiours entretenus de mille promeſſes de paix, auec des ſermens auſſi ſolemnellement iurez, qu'on le pouuoit eſperer d'vne nation barbare; ils ont enfin repris les armes, auec plus de cruauté qu'auparauant : Ils ont déchargé leur premiere fureur ſur les Trois Riuieres, où ils ont pris huit François , auſquels ils ont deſia fait reſſentir les effets de leur barbarie ; car ils leur ont fait tomber les ongles par le feu, ils leur ont coupé les doigts & les mains, les preparans par ce commencement, qui ne paſſe chez eux que pour de petits ieux , au feu, & aux flammes, auſquels ils les deſtinent, en recompenſe du bon traitement fait à leurs gens, que nous auons tousiours caressez dans nos prisons, & que nous auons enfin élargis, sans leur auoir fait tort d'vn seul cheueu de la teste.

Nous auons appris ces circonstances par vn Huron Chrestien fugitif, qui s'estant trouué dans vn party qui venoit icy en guerre, les rencontra dans les Isles de Richelieu, conduits par les Agnieronnons qui les auoient pris aux Trois Riuieres. Ie fus, disoit-il, touché de compassion, voiant le malheureux estat de ces pauures prisonniers, & en mesme temps ie fus rauy de leurs deuotions parmy leurs souffrances. Le soir ie les entendois chanter les Litanies de la Vierge, & le matin le *Veni Creator*, auec les autres prieres: Ie leur voiois leuer au Ciel leurs mains tronçon-

nées & toutes dégouttantes de fang.
Spectacle qui a fait fi grande impreſſion ſur l'eſprit de ce bon homme, qu'il a pris en ſuite la derniere
reſolution de quitter les Iroquois,
& de ſe ietter entre nos mains, pour
y conſeruer la Foy , & pour nous
découurir vne partie des deſſeins
de l'ennemy.

Les Onnontagueronnons n'ont
pas eſté plus reconnoiſſans que les
Agnieronnons; car aiant pris auſſi
aux Trois Riuieres trois de nos
François, & deux s'eſtant heureuſement échappez de leurs mains,
le troiſiéme a eſté aſſez cruellement
brûlé dés ſon arriuée au bourg
d'Onnontagué, où peu auparauant
nos Peres auoient exercé des chari-
tez imaginables enuers leurs malades, & ſouffert toutes ſortes de trauaux, pour les inſtruire, & pour

leur ouurir le chemin du Ciel.
Depuis peu les Iroquois ont pris
encore vn autre François proche
de Kebec, aprés l'auoir blessé d'vn
coup de fusil : Et nous apprenons
qu'ils se preparent à innonder sur
nous auec vne armée, au plus tard
le Printemps prochain, pour enleuer quelqu'vne de nos Bourgades,
& mettre la desolation dans tout le
païs.

Mais quoy que toutes ces choses
ne nous presagent rien que de fu-
neste, nous ne pouuons pas dou-
ter que Dieu n'ait de hauts desseins
sur ces terres, pour en tirer de la
gloire, puisqu'il a releué nos espe-
rances par le don qu'il nous a fait
d'vn Prelat, aprés lequel cette Eglise naissante soûpiroit depuis vn si
long-temps ; c'est de Monseigneur
l'Euesque de Petrée, qui arriua icy

heureuſement le 16. iour de Iuin
1659. & fut receu auec les ceremonies
ordinaires, comme vn Ange con-
ſolateur enuoyé du Ciel, & comme
vn bon Paſteur, qui vient ramaſſer
le reſte du Sang de Iesvs-Christ,
auec vn genereux deſſein de n'é-
pargner pas le ſien, & de tenter
toutes les voies poſſibles pour la
conuerſion des pauures Sauuages,
pour leſquels il a des tendreſſes dignes d'vn cœur qui les vient chercher de ſi loin.

Dieu luy a bien-toſt fait naiſtre
les occaſions de leur faire parroî-
tre ſon amour: car le propre iour
de ſon arriuée, vn enfant Huron
eſtant venu au monde, il eut la
bonté de le tenir ſur les fonds de
Bapteſme. Et en meſme temps vn
ieune homme auſſi Huron, malade à l'extremité, deuant receuoir

les derniers Sacremens , il voulut
s'y trouuer , & luy confacrer fes
premiers foins , & fes premiers trauaux , donnant vn bel exemple à
nos Sauuages , qui le virent auec
admiration profterné contre terre,
proche d'vne pauure carcaffe qui
fentoit defia la pourriture, & à qui
il difpofoit de fes propres mains
les endroits pour les onctions fa-
crées. Ce fut dans ce mefme fenti-
ment d'affection , que peu aprés
fon débarquement , en donnant
publiquement la Confirmation aux
François dans la Paroiffe, il voulut
commencer toutes les ceremonies
par quelques Sauuages, ce qu'il fit
auec vne grande ioie , voiant à fes
pieds , & impofant les mains à des
peuples, qui iamais depuis la naif-
fance de l'Eglife n'auoient receu ce
Sacrement, Mais fa ioie fut bien

plus grande, lorsqu'en suite il con-
firma toute l'élite de nos deux Eglises Algonkine & Huronne. Nous
en auions disposé vne cinquantaine
d'vne nation, & autant de l'autre,
par des confessions generales. L'idée
qu'auoient cés pauures gens tant
de ce Sacrement, que de celuy de
qui ils le deuoient receuoir, leur
fit faire des efforts extraordinaires
de deuotion l'espace de huit iours
pour s'y preparer. Pendant la ce-
remonie, qui se fit dans l'Eglise
neuue des Meres Hospitalieres, on
loüa Dieu en quatre langues. Les
Hurons & les Algonkins chan-
toient à leur tour des Cantiques
spirituels, qui tirerent des larmes
des ïeux de quelques-vns des assi-
stans. Monseigneur l'Euesque re-
uestu pontificalement, parroissoit
à ces Canadois qui n'auoient iamais

rien veu de ſemblable, comme vn Ange de Paradis, & auec tant de maieſté, que nos Sauuages ne pouuoient détacher leurs ïeux de ſa perſonne.

Ce fut pour lors qu'il confera auſſi le Bapteſme, auec toutes les ſolemnitez de l'Egliſe, à vn Huron âgé de 50. ans, qui ne ſe comprenoit pas de ioie, & qui picquoit d'vne ſainte enuie ſes compatriotes, qui euſſent volontiers ſouhaité d'eſtre en ſa place, pour participer à vn ſemblable bonheur. Ce pauure homme s'eſtoit échappé des mains des Iroquois par vne bien-aimable prouidence, pour tomber en celles de ce grand Prelat, dont l'attouchement fit couler vne vertu ſecrete ſur ce bon neophyte; car en luy verſant ſur le corps les eaux ſacrées, il luy toucha telle-

ment le cœur, qu'il n'est plus re-
connoiſſable depuis ce temps-là :
il s'eſt comme dépoüillé tout d'vn
coup des mauuaiſes maximes, &
des méchantes habitudes qu'il auoit
contractées par la frequentation
des Iroquois. Monſeigneur l'Eueſque accompagna ces ceremonies
d'vn ſermon fait à la portée de ces
pauures gens, pour les animer à re-
ſiſter courageuſement aux tenta-
tions, & à ſupporter auec patience
toutes les miſeres de cette vie dans
la veuë & ſur l'eſperance d'vne vie
eternellement bien-heureuſe : aprés
quoy eſtans tous introduits dans la
grande ſalle de l'Hoſpital, où les
Religieuſes auoient preparé deux
longues tables bien couuertes, ils
y furent bien ſeruis par les mains
de ce meſme Prelat, pour donner
aux Sauuages cette exemple d'hu-

milité & de charité Chrestienne :
comme Monsieur le Vicomte d'Ar-
gençon noftre Gouuerneur le fait
affez fouuent, feruant aux malades
de ce mefme Hofpital ; fpectacle
bien agreable aux Anges tutelaires
de ce païs.

Mais comme c'eft la couftume
parmy ces nations, de reconnoiftre
la qualité des étrangers venus de
nouueau, par la magnificence des
feftins qu'on fait à leur occafion ;
nos Sauuages ne fe feroient pas for-
mé vne idée digne de Monfeigneur
l'Euefque, s'il ne fe fuft accommo-
dé à leur façon de faire , & s'il ne
les euft regalez par vn feftin fo-
lemnel , lequel les aiant mis en
bonne humeur, ils luy firent leurs
harangues entre-mélées de leurs
chanfons ordinaires. Ils le compli-
mentoient chacun en leur langue,

auec vne eloquence autant aima-
ble que naturelle. Le premier qui
harangua, fut vn des plus anciens
Hurons, qui s'étendit bien ample-
ment sur les loüanges de la Foy,
laquelle fait passer les mers aux plus
grands hommes du monde, & leur
fait encourir mille dangers, & es-
suïer mille fatigues, pour venir chercher des miserables. Nous ne sommes plus rien, dit-il, ô Hariouaoua-
gui : c'est le nom qu'ils donnent à
Monseigneur, & qui signifie en
leur langue, l'homme du grand af-
faire. Nous ne sommes plus que
le débris d'vne nation florissante,
qui estoit autresfois la terreur des
Iroquois, & qui possedoit toute
forte de richesses : ce que tu vois
n'est que la carcasse d'vn grand
peuple, dont l'Iroquois a rongé
toute la chair, & qui s'efforce d'en

fucer iufques à la moüelle. Quels
attraits peux-tu trouuer dans nos
miferes? Comment te laiffes-tu
charmer par ce refte de charogne
viuante, pour venir de fi loin prendre part à vn fi pitöiable eftat auquel tu nous vois? Il faut bien que
la Foy, qui opere ces merueilles,
foit telle qu'on nous l'a publiée,
il y a plus de trente ans. Ta prefence feule, quand tu ne dirois
mot, nous parle affez haut pour
elle, & pour nous confirmer dans
les fentimens que nous en auons.

Mais fi tu veux auoir vn peuple
Chreftien, il faut détruire l'infi-
dele : & fçache que fi tu peux ob-
tenir de la France main-forte pour
humilier l'Iroquois, qui vient à
nous la gueule beante pour englou-
tir le refte de ton peuple comme
dans vn profond abifme : fçache,
dis-ie,

dis-ie, que par la perte de deux ou trois bourgades de ces ennemis, tu te fais vn grand chemin à des terres immenſes, & à des nations nombreuſes, qui te tendent les bras, & qui ne ſoûpirent qu'aprés les lumieres de la Foy. Courage donc, ô Rarionaouagni, fais viure tes paures enfans, qui ſont aux abois. De noſtre vie dépend celle d'vne infinité de peuples: mais noſtre vie dépend de la mort des Iroquois.

Ce diſcours dit auec chaleur, eſtoit d'autant plus touchant, qu'il repreſentoit naïuement les derniers ſoûpirs d'vne nation mourante. La harangue que fit en ſuite vn Capitaine Algonkin, ne fut pas moins pathetique.

Ie m'en ſouuiens, dit-il en comptant par ſes doigts, il y a vingt-trois ans que le Pere le Ieune en

nous iettant les premieres semences
de la Foy, nous asseura que nous ver-
rions vn iour vn grand Homme, qui
deuoit auoir tousiours les ïeux ou-
uerts (c'est ainsi qu'il nous le nom-
moit) & dont les mains seroient si
puissantes, que du seul attouchement elles inspireroient vne force
indomptable à nos cœurs, contre
les efforts de tous les Demons. Ie
ne sçay s'il y comprenoit les Iroquois : si cela est, c'est à present que
la Foy va triompher par tout : elle
ne trouuera plus d'obstacle, qui
l'empesche de percer le plus profond de nos forests, & d'aller chercher à trois & quatre cens lieuës
d'cy les nations qui nous sont con-
federées, au païs desquelles cet ennemy commun nous bouche le
passage. Il adioûta tout plein d'autres choses, qui témoignoient l'e-

ſtime que luy & tous ceux de ces terres faiſoient du grand pouuoir qu'a l'impreſſion des mains : ce qu'ils ſe ſont ſi bien perſuadez, que les ſoldats allant en guerre contre l'Iroquois, auparauant que de partir vont prendre la benediction de Monſeigneur l'Eueſque, & la reçoiuent comme vn bon preſage, auec grande confiance d'en eſtre puiſſamment fortifiez dans la guerre qu'ils entreprennent contre l'ennemy de la Foy & du païs.

Les François ne prennent pas moins de part que les Sauuages dans ce bonheur public : ils le publient aſſez eux-meſmes, ſans qu'il ſoit beſoin que ie vous en écriue; & ie ne doute point que toutes les lettres qui ſeront enuoiées en France, n'en faſſent l'eloge. Ie diray ſeulement ce mot, que iamais le Canada ne pourra reconnoiſtre les immenſes obligations qu'il a à nôtre incomparable Reine, non ſeulement de l'auoir touſiours honoré de ſon affection, comme ſa Maieſté l'a bien fait paroiſtre en mille rencontres ; mais ſur tout d'auoir comblé tous ſes bien-faits par le plus precieux de tous ceux qu'elle pût faire, en luy procurant vn tel Paſteur. Cette grace, cette faueur & ce riche preſent a tant d'approbation, que tout le monde, François & Sauuages, Eccleſiaſtiques & Laïques, ont tout ſuiet de s'en loüer, & d'eſperer que Dieu conſeruera vn païs, qui eſt pourueu d'vne ſi ſainte & ſi forte protection. C'eſt ce que nous nous promettons ſur tout, eſtant aſſiſtez des prieres des gens de bien, & des ſaints Sacrifices de voſtre Reuerence, auſquels ie me recommande de tout mon cœur.

A Kebec ce 12. de Septemb. 1659.

SECONDE LETTRE.

Des Eglises Algonkine & Huronne.

MON R. PERE,

I'ay mandé à V. R. la ioie vniuerselle qu'a receu ce païs, par la venuë de Monseigneur l'Euesque de Petrée; mais ie vous auouë que la guerre des Iroquois nous en détrempe bien la douceur, & ne nous permet pas de gouster à nostre aise, le bien que nous possedons: ce qui nous console, c'est que le zele de ce genereux Prelat, n'a point de bornes; il pense que ce seroit peu, d'auoir passé les mers, s'il ne trauersoit aussi nos grandes forests, par le moyen des Ouuriers Euangeliques, qu'il a dessein d'enuoier iusques aux nations, dont à peine sçauons-nous les noms, pour y chercher tant de pauures brebis égarées, & pour les ranger au nombre de son cher troupeau; c'est à quoy il se prepare, nonobstant la guerre des Iroquois: il pretend bien faire en ce nouueau monde, ce qui se pratique en l'ancien; ie veux dire, que comme l'on fait couler à la dérobée des Predicateurs dans les autres Eglises persecutées, ainsi desire-t-il ietter de nos Peres, parmy les premieres bandes des Sauuages qui viendront icy bas, pour remonter auec eux en leur pais, afin que malgré l'Enfer & les Demons, ils conuient ces pauures peuples d'entrer dans le Roiaume de Dieu, & de prendre part à la Beatitude, à laquelle ils sont predestinez. Ce sont des desseins dignes d'vn courage plein de zele pour la gloire de Dieu, & aprés lesquels nos Peres soûpirent iour & nuit, brûlant d'vn desir d'estre de ces heureux exposez, non pas à l'auanture, mais à la Prouidence diuine, qui tirera tousiours sa gloire, ou de leurs trauaux, s'ils arriuent iamais à ces terres de promission; ou de leur mort, comme elle a fait de celle des autres Peres, qui ont esté tuez par les Iroquois en vne semblable entreprise. En attendant cet heureux moment, qui ne viendra que trop tard, selon leurs souhaits, les vns se preparent à cette glorieuse expedition par l'étude des langues, sans lesquelles on ne peut rien faire pour le ſalut des Sauuages : les autres s'oc-cupent à cultiuer les deux Egliſes Algonkine & Huronne, que la crainte des ennemis reſerre auprés de nous, leur donnant la commo-dité de s'acquitter de tous les de-uoirs des meilleurs Chreſtiens.

Ceux qui ſont obligez de s'écar-ter dans les terres pour la chaſſe, ſe ſouuiennent bien des inſtru-ctions qu'on leur donne icy : ils font ſouuent vne Egliſe du coin d'vn bois, d'où leurs deuotions pe-netrent auſſi bien le Ciel, que de ces grands Temples, où les prieres ſe font auec tant d'appareil ; s'ils pouuoient mener auec eux, à qui ſe reconcilier dans les dangers, ils s'y tiendroient auec bien plus d'aſſeu-rance.

C'eſt ce qui mit bien en peine

yne bonne Chreſtienne Algonkine, nommée Cecile Kouekoueaté,
laquelle eſtant tombée malade dans
le milieu des bois, & ſe voiant à
l'extremité, ſans ſe pouuoir confeſſer, creut qu'elle y ſuppleeroit en
quelque façon, par vn preſent de
Caſtor, qu'elle legua à l'Egliſe des
Trois Riuieres, donnant ordre à ſes
parens d'y aller en diligence aprés
ſa mort, & d'y faire ſon preſent, au
lieu de ſa Confeſſion. Auſſi-toſt
qu'elle eut expiré, ils ſe hâterent de
ſe rendre aux Trois Riuieres, dans
l'apprehenſion que leur parente ne
fuſt en peine en l'autre monde.
Eſtant arriuez, ils s'addreſſerent au
Pere qui a ſoin des Sauuages, &
luy dirent: Robe Noire, écoute la
voix des morts, & non pas celle
des viuans; ce n'eſt pas nous qui te
parlons, c'eſt vne defunte, qui a

enfermé ſa voix dans ce paquet, auant que de mourir : elle luy a donné charge de te declarer tous ſes pechez , puiſqu'elle ne l'a pû faire de bouche : voſtre écriture vous fait parler aux abſens ; elle pretend faire par ces Caſtors, ce que vous faites par vos papiers. Il y a quinze iours qu'elle eſt morte ; c'eſt Cecile Kouekoueaté : helas, qu'elle aura ſouffert ſur le chemin de Paradis! Faites donc au pluſtoſt que ſon ame ſoit bien traitée dans toutes les cabanes, par où elle paſ-ſera , & qu'arriuant au Ciel, on ne la faſſe pas attendre à la porte ; mais qu'on la reçoiue comme vne per-ſonne qui a veſcu dans la Foy , & qui eſt morte dans le deſir du Pa-radis. Ces bonnes gens n'eſtant pas encore inſtruits , ny baptiſez , mé-loient leurs fables auec nos veritez.

Vne autre fois, vn de nos plus considerables Algonkins , estant surpris d'vne espece de paralysie, auec des conuulsions extraordinaires , & des contorsions de nerfs, qui le mettoient hors d'esperance de pouuoir gagner Kebec, d'où il estoit éloigné de quinze à vingt lieuës, dépesche, dans cette extremité, vn des siens , pour nous en porter la nouuelle , & pour nous solliciter de prier Dieu pour luy. Ie ne sçay pas si ses prieres ou les nostres, ou bien si les vnes & les autres iointes ensemble, luy rendirent la santé ; mais il a depuis asseuré, aprés auoir receu le S. Sacrement, qu'il se trouua guery tout d'vn coup , & que ses forces furent si soudainement rétablies, qu'il ne peut, qu'il ne l'attribuë à vn effet tout miraculeux. Les derniers Sacremens operent si

souuenten eux de semblables merueilles, qu'vne des choses qu'ils de-
mandent auec plus distance, est la
sainte Communion, surtout quand
ils sont saisis de quelque violente
maladie ; car ils trouuent d'ordinaire la santé dans ce Pain celeste,
qui est souuent pour leur corps &
pour leur ame vn vray Pain de vie.

Nous auons perdu deux de nos
bonnes Chrestiennes, dit le Pere
qui a le soin de l'Eglise Huronne,
l'vne desquelles, nommée Cecile
Garenhatsi, auoit demeuré deux ans
chez les Meres Vrsulines, où elle
auoit pris l'esprit d'vne deuotion
tres-rare, qu'elle a conseruée iusques à la mort ; chose assez ordinaire à celles qui ont le bonheur
d'estre éleuées dans ce Seminaire de
pieté. Nostre Cecile donc estant
aux abois, son Confesseur luy

demanda si elle n'auoit pas de re-
gret de mourir ; helas ! mon Pere,
luy dit-elle, i'aurois grand tort de
craindre la mort, & de ne la pas
desirer, puisqu'en me tirant de ce
monde, elle me retirera des occa-
sions d'offenser Dieu. Il est vray
que i'espere bien, que toutes mes
confessions ont effacé mes pechez,
mais elle ne m'ont pas renduë im-
peccable : ma consolation est, que
ie la seray aprés cette miserable vie ;
& puisque l'amour n'est pas assez
grand en moy, pour faire ce que
la mort y fera, à la bonne heure,
que la mort vienne pour me deli-
urer en mesme temps de la seruitude
de ce corps, & de celle du peché.

Le mary de cette bonne femme
estoit pour lors à la chasse, bien
auant dans les bois, au moment
qu'elle expira : elle luy apparut, &

luy dit le dernier Adieu ; luy re-
commandant ſur tout, de ne iamais
quitter la priere qu'auec la vie. Cet
homme, à ce ſpectacle , ſe tourna
vers ſon compagnon de chaſſe, luy
raconte ſa viſion, & la mort de ſa
femme ; & auſſi-toſt il ſe met en
chemin pour retourner à Kebec.
A ſon arriuée il apprend que ſa femme auoit expiré iuſtement dans les
meſmes circonſtances du temps,
auquel elle s'eſtoit fait voir à luy.
Le changement de cet homme, &
la ferueur iointe à la conſtance qu'il
garde depuis cet accident, aux prieres publiques & particulieres, nous
fait croire qu'il s'eſt paſſé en ce rencontre quelque choſe de bien ex-
traordinaire.

La ſeconde femme, que la mort
nous a enleuée cet hyuer, auoit
penſé mourir quelques années au-

parauant de la main des Iroquois:
ces barbares l'aiant rencontrée, luy
arracherent la peau de la teste, la
laiſſant pour morte ſur la place; depuis ce temps-là elle n'a fait que mener vne vie languiſſante, mais toû-
iours ſi feruente à la priere, qu'elle
n'a iamais manqué de ſe trouuer
tous les matins, & tous les ſoirs à la
Chapelle, nonobſtant ſa grande foi-
bleſſe; ce qu'elle a gardé exactement,
iuſqu'à ce qu'vn iour, au retour de
l'Egliſe où elle s'eſtoit tranſportée
auec vne maladie mortelle, elle
fut obligée de s'aliter, & peu aprés
elle mourut ſaintement, ſe trou-
uant au bout de ſa vie auant la fin
de ſes prieres. La conſtance de cette
pauure femme fera vn grand repro-
che à la delicateſſe de ces dames,
qui pour de legeres incommoditez
ſe diſpenſent aiſément de leurs de-

uotions. Et la patience d'vn ieune Sauuage, condamnera ceux , qui
s'emportent à tant de murmures,
& à tant de plaintes pour vne gout-
te , pour vn mal de dents , ou pour
quelques autres incommoditez. Cet
homme deuenu impotent depuis
cinq ans , estoit gisant non pas sur
la plume ny sur le duuet , mais sur
vne écorce , qui luy seruoit de pail-
lasse & de mattelas ; il souffroit auec
vne patience de Iob , dans toutes
les parties de son corps. Croiriez-
vous bien , que la grace a tellement
operé dans ce cœur Sauuage , que
non seulement on ne l'a pas en-
tendu se plaindre ; mais mesme il
a declaré , que iamais il ne luy est
venu en pensée de souhaiter l'vsage de ses membres , puisque son
ame se trouuoit mieux du miserable estat de son corps , & que son
salut

salut se faisoit auec bien plus d'as-
seurance, disant que c'estoit bien
assez qu'il eust l'vsage de ses doigts
& de sa langue, pour dire son Cha-
pelet, qui faisoit vne grande oc-
cupation de sa iournée. Dieu l'a
bien recompensé ; car il a heureu-
sement finy ses iours, & rendu son
ame entre les bras de Monseigneur
l'Euesque de Petrée. Voilà quel-
ques-vnes des particularitez, que
i'ay apprises sur ces deux Eglises
affligées, qui ne sont plus que le
débris de deux Eglises souffrantes,
& qui seroient la semence d'vn
grand peuple Chrestien , si l'Iroquois ne continuoit point de les
exterminer. Ie les recommande, &
moy aussi, aux saints Sacrifices de
vostre Reuerence.

A Kebec ce 10 d'Octobre 1659.

C

TROISIE'ME LETTRE.

De la Miſſion de l'Acadie.

MON R. PERE,

Voicy vne troiſiéme Lettre que i'écris à V. R. pour l'informer de ce qui s'eſt paſſé dans la Miſſion de l'Acadie, où trois de nos Peres trauaillent à la conuerſion des Sauuages de cette coſte, & au ſalut des François qui y ſont habituez.

L'Acadie eſt cette partie de la Nouuelle France, qui regarde la mer, & qui s'étend depuis la Nouuelle Angleterre iuſqu'à Gaſpé, où proprement ſe rencontre l'entrée du grand fleuue de S. Laurens. Cette étenduë de païs, qui eſt bien de trois cens lieuës, porte vn mesme nom, n'aiant qu'vne mesme langue.

Les Anglois ont vsurpé toutes les costes de l'Orient, depuis Canceau iusqu'à la Nouuelle Angleterre ; ils ont laissé aux François celles qui tirent au Nort , dont les noms principaux sont Miscou, Rigiboucᵗou, & le Cap Breton. Le distric de Miscou est le plus peuplé , le mieux disposé, & où il y a plus de Chrestiens : il comprend les Sauuages de Gaspé, ceux de Miramichy, & ceux de Nepigigouit. Rigibouctou est vne belle riuiere, considerable pour le commerce qu'elle a auec les Sauuages de la riuiere de S. Iean.

Le Cap Breton est vne des premieres Isles qu'on rencontre en venant de France ; elle est assez peuplée de Sauuages pour sa grandeur ;

Monsieur Denis commande la principale habitation que les François ont en ces quartiers-là. Voilà le païs, que nos Peres ont cultiué depuis l'an 1629. & où presentement trauaillent le Pere André Richard, le Pere Martin Lionne, & le Pere Iacques Fremin.

Celuy-cy a eu pour partage la coste de Rigibouctou, où il a hyuerné parmy les Sauuages, auec lesquels il a souffert, outre le mal de terre, la famine, causée par le defaut des neiges, qui font les richesses des Sauuages, puisque les Originaux, les Caribous, & les autres bestes s'y prennent comme au lacet, quand elles sont assez hautes. Mais le Pere ne s'est trouué que trop bien paié des trauaux, qu'il a soufferts dans ces grandes forests, par le Baptesme qu'il a conferé à

vne petite fille malade à l'extremité, qui a receu la santé dans ces
eaux salutaires. Ce ne luy fut pas
aussi vne petite consolation, de se
voir pressé auec instance par vn
pauure Sauuage, nommé Redou-
manat, de le baptiser, en suite d'vne
grace bien sensible qu'il auoit ob-
tenuë de Dieu depuis peu de temps.
Cet homme auoit languy deux ans
entiers, accablé de grandes incommoditez, qui luy causoient des
douleurs tres-cuisantes par tout le
corps, mais particulierement aux
iambes. Il s'estoit fait souffler & re-
souffler par les iongleurs du païs;
& aprés auoir lassé tous les sorciers,
& vsé tous leurs medicamens, ne
sçachant plus à qui auoir recours,
il s'adressa à Dieu, dont il auoit en-
tendu loüer les bontez & les puis-
sances, & luy dit: Toy qui as tout

fait, on dit que tout t'obeït; ie le croiray, pourueu que mon mal, qui n'a pas voulu écouter la voix de nos Demons, écoute la tienne: s'il t'obeït, quand tu le chasseras de mon corps, ie te promets de t'obeïr moy-mesme, & d'aimer la priere. Dieu se plût à cette sorte de priere, & luy rendit vne parfaite santé, dont il est si reconnoissant, qu'il publie par tout cette faueur, faisant voir par vn grand changement de sa vie, que son ame a la meilleure part à ce bien-fait. Il s'est entierement deporté de l'iurognerie, qui est le grand Demon de ces pauures Sau-uages, aussi-bien que la vengeance, qu'il a domptée par vn acte aussi heroïque qu'il s'en trouue parmy les meilleurs Chrestiens. Car vn iour vne de ses filles, qu'il aimoit vniquement, aiant esté massacrée

deuant ſes ïeux par vn inſolent, le
meurtrier eſtant arreſté, tant s'en
faut qu'il voulut s'en venger, qu'au
contraire il arreſta le bras de ceux
qui l'alloient maſſacrer, diſant qu'il
s'en rapportoit au Maiſtre de la vie,
puiſqu'il apprenoit, que c'eſtoit à
luy à prendre vengeance des torts
qu'on nous fait. Et de vray, la Iu-
ſtice diuine ne manqua pas de tirer
raiſon de cet aſſaſſinat, aiant permis que ce malheureux fuſt peu de
temps aprés, aſſaſſiné luy-meſme
par vn riual, qui aſpiroit au meſme
mariage que luy. Ce bon homme
n'eſt pas l'vnique, qui a receu du
Ciel des faueurs extraordinaires,
mais tous ne s'en ſont pas monſtrez
ſi reconnoiſſans.

Vn nommé Capiſto, ancien Capitaine du Cap Breton, fort attaché à ſes ſuperſtitions, tomba vn

iour en de tres-violentes conuulsions, pendant lesquelles les Sauuages s'auiserent de mettre sur luy
des Images, des Chapelets, & des
Croix, dont ils font grande estime,
s'en seruant contre les infestations
des Demons. Cet homme, au plus
fort de son mal, s'imagine que
quantité de Diables se iettent sur
luy, qu'ils le traisnent d'vn costé
& d'autre, s'efforçans de l'enleuer.
Dans cette angoisse il se saisit d'vne
grande Croix plantée à l'entrée de
la riuiere, à laquelle il s'attacha si
fort, qu'il fut impossible aux Demons de l'en déprendre. Cette vi-
sion l'a touché ; & quoy qu'il de-
meure encore dans l'infidelité, il ne
laisse pas de priser la Foy, & de
donner esperance, qu'enfin aprés
tant de faueurs que Dieu luy fait,
incité d'ailleurs par l'exemple, &

par les instances de son frere, qui fut baptisé ce Printemps, il rompra les liens, qui le tiennent attaché à son malheur.

Ce frere du Capitaine Capisto, est vn bon vieillard, fort aimé des François, aux interests desquels il est fort attaché, & ausquels il a rendu de signalez seruices en de fascheux rencontres : il a fait tant d'instances pour estre baptisé, qu'estant remis d'année en année pour éprouuer sa constance ; enfin le Pere Richard le baptisa, auec sa femme & sa sœur, dans de grands sentimens d'estime, du bonheur aprés lequel il auoit tant soûpiré. Il pressoit que ses enfans eussent part à la mesme faueur ; mais ils furent differez iusqu'à l'Automne, pour tirer de plus grandes marques de leurs bonnes resolutions.

Il y a deux ans que les Sauuages de ces costes furent en guerre contre les Esquimaux; c'est vne nation la plus Orientale, & la plus Septentrionale de la Nouuelle France par les 52. degrez de latitude, & les 330. de longitude. C'est merueille comme ces mariniers Sauuages nauigent si loin auec de petites chaloupes, trauersant de grandes étenduës de mers, sans boussole, & souuent sans la veuë du Soleil, se fiant de leur conduite à leur imagination. Mais la merueille est encore plus grande du costé des Esquimaux, qui font quelquesfois le mesme traict, non pas en chaloupes, mais dans de petits canots, qui sont surprenans pour leur structure, & pour leur vistesse: ils ne sont pas faits d'écorce, comme ceux des Algonkins, mais de peau de loups marins, dont

l'abondance eſt tres-grande chez
eux. Ces canots ſont couuerts de
ces meſmes peaux : ils laiſſent au
deſſus vne ouuerture, qui donne
entrée à celuy qui doit nauiger ; lequel eſt touſiours ſeul en cette gon-
dole : eſtant aſſis & placé dans le
fond de ce petit batteau de cuir,
il ramaſſe à l'entour de ſoy la peau
qui le couure, & la ſerre & la lie ſi
bien, que l'eau n'y peut entrer : logé
dans cette bourſe, il rame de bord &
d'autre d'vn ſeul auiron, qui a vne
paſle à chaque bout ; mais il rame ſi
adroitement, & fait marcher ſi le-
gerement ſon batteau, qu'il paſſe les
chaloupes qui voguent à la voile :
que ſi ce canot vient à tourner, il
n'y a rien à craindre ; car comme
il eſt leger, & remply d'air enfermé
dedans auec la moitié du corps du
nautonnier, il ſe redreſſe aiſément,

& rend son pilote sain & sauue sur l'eau, pourueu qu'il soit bien lié à son petit nauire. La nature iointe à la necessité a de grandes industries. Ces bonnes gens se seruent encore de peaux de loups marins pour bastir leurs maisons, & pour se faire des habits; car ils se couurent tous de ces peaux tres-bien passées, dont ils se font des robes faites d'vne mesme façon pour les hommes & pour les femmes. Ils viuent principalement de cariboux, c'est vne espece de cerfs; de loutres, de loups marins, & de moluës. Il y a peu de castors, & peu d'orignaux chez eux. Pendant l'Hyuer ils demeurent sous terre, dans de grandes grottes, où ils sont si chaudement, que nonobstant la rigueur du climat ils n'ont besoin de feu que pour la cuisine. Les neiges y sont

fort hautes, & tellement endurcies
par le froid, qu'elles portent comme la glace, sans qu'on ait besoin
de raquettes pour marcher dessus.
Le fer qu'ils trouuent auprés des
échaffaux des pescheurs de moluë,
leur sert à faire des fers de fleches,
& des cousteaux, & des tranches,
& pour d'autres ouurages, qu'ils
aiustent bien eux-mesmes sans for-
ge ny sans marteaux. Ils sont de
petite taille, de couleur oliuastre;
du reste, ils sont assez bien faits,
ramassez, & grandement forts.

Nos Sauuages furent en guerre
vers ces peuples, il y a quelque
temps: en aiant surpris & massacré
quelques-vns, ils donnerent la vie
aux autres, les amenant prisonniers en leur païs, non pour les
brûler, ce n'est pas leur coûtume;
mais pour les tenir en seruitude,

ou pour leur caſſer la teſte à l'entrée de leurs bourgades, en ſigne de triomphe. Entre ces priſonniers vne femme, dont le mary auoit eſté tué dans le combat, trouua ſon bonheur dans ſa captiuité; car aiant eſté menée au Cap Breton, elle fut rachetée des mains des Sauuages, & en ſuite elle fut inſtruite & baptiſée, & maintenant elle vit à la françoiſe, en bonne Chreſtienne. Il faut confeſſer que les reſſorts de la diuine Prouidence ſont adorables, d'aller chercher dans le milieu de cette barbarie vne ame predeſtinée, & de la choiſir parmy tant d'autres, pour la mettre dans le chemin du Ciel : & ce qui eſt encore bien merueilleux, d'auoir tiré cette pauure femme de ſon infidelité, pour s'en ſeruir à tirer vn heretique de ſon erreur. Voicy comme la choſe ſe paſſa.

Noſtre Marguerite (c'eſt le nom qu'elle eut au Bapteſme) eſtant encore infidelle, ſe trouuoit par fois infeſtée des Demons. Vn iour entre autres, elle parut comme forcenée, elle couroit par tout auec vne voix horrible, & auec des geſtes étranges à la façon des poſſedez. Les François y accourent, tâchant de la ſoulager, mais en vain; ſes tourmens croiſſent en ſorte, qu'elle ſe trouua en danger d'eſtre étouffée. Ils s'auiſerent enfin de recourir aux remedes diuins: ils prient l'Aumoſnier, qui ſeruoit lors l'habitation, de la ſecourir. Il n'eut pas pluſtoſt ietté de l'eau beniſte ſur elle, qu'elle s'arreſta tout court, & deuint auſſi paiſible, que ſi elle ſe fuſt éueillée d'vn doux ſommeil; elle ne fit que leuer les ïeux en haut, puis les tournant vers les aſſiſtans: Helas, dit-elle, où suis-ie? d'où viens-ie? vn phantofme de feu me pourfuiuoit cruellement; il eftoit tout preft de me deuorer, quand à voftre prefence ie ne fçay quelle fraieur l'a faifi, & l'a mis en fuite: C'eft pour la feconde fois que ie vous fuis obligée de la vie; vous me deliurates dernierement de la rage des Sauuages, & maintenant vous me fauuez de la furie des Demons. A cet accident l'interprete qui eftoit heretique, faifi d'étonnement, & admirant la force de l'eau benifte, renonça à l'herefie, & publia par fon abiuration la merueille, dont il auoit efté fpectateur.

Si les Demons feruent à conuertir les Sauuages, & les Sauuages à reduire les heretiques: que ne deuons-nous pas efperer du fecours des Anges tutelaires de ces contrées?

notam-

notamment depuis que ces esprits bienheureux y ont amené vn Homme Angelique, ie veux dire Monseigneur l'Euesque de Petrée, qui en passant dans les limites de nostre Acadie, du costé de Gaspé, a donné le Sacrement de Confirmation à 140. personnes, qui iamais peut - estre n'auroient receu cette benediction, si ce braue Prelat ne les fust venu chercher en ce bout du monde, qui commence d'estre inquieté par la terreur des Iroquois, qui ferment la porte au salut d'vne infinité de nations, qui tendent les bras à l'Euangile, & qu'on ne peut leur porter, si ces mutins ne sont domptez. Ie me recommande, & tous ces peuples, aux saints Sacrifices de V. R. & aux prieres de tous ceux qui aiment la conuersion des Pauures Sauuages.

A Kebec ce 16. d'Oct. 1659.

FIN.

Extrait du Priuilege du Roy.

PAr grace & Priuilege du Roy il est
permis à SEBASTIEN CRAMOISY
Marchand Libraire Iuré en l'Vniuersité
de Paris, Imprimeur ordinaire du Roy
& de la Reine, Directeur de l'Imprimerie Royale du Louure, & ancien Es-
cheuin de Paris, d'imprimer ou faire
imprimer, vendre & debiter vn Liure
intitulé, *Lettres enuoyées de la Nouuelle
France au R. P. Iacques Renault Prouincial
de la Compagnie de* IESVS *en la Prouince de
France*, &c. & ce pendant le temps &
espace de dix années consecutiues, auec
defenses à tous Libraires, Imprimeurs,
& autres, d'imprimer ou faire imprimer
ledit Liure, sous pretexte de déguise-
ment ou changement qu'ils y pour-
roient faire, aux peines portées par ledit
Priuilege. Donné à Paris le 26. Decembre 1660. Signé, Par le Roy en son
Conseil.　　　　MABOVL.

Permißion du R. P. Prouincial.

NOVS IACQVES RENAVLT, Prouincial de la Compagnie de IESVS en la Prouince de France, auons accordé pour l'auenir au Sieur Sebaſtien Cramoiſy, Marchand Libraire, Imprimeur ordinaire du Roy & de la Reine, Directeur de l'Imprimerie Royale du Louure, & ancien Eſcheuin de cette ville de Paris, l'impreſſion des *Relations de la Nouuelle France*. Donné à Paris, au mois de Decembre 1658. Signé,

IACQVES RENAVLT.

www.ingramcontent.com/pod-product-compliance
Lightning Source LLC
LaVergne TN
LVHW021153200726
843510LV00001B/334